A INOVAÇÃO EDUCACIONAL NO ENSINO DO FUTURO

EDITORA AFILIADA

Conselho Editorial de Educação
José Cerchi Fusari
Marcos Antonio Lorieri
Marcos Cezar de Freitas
Pedro Goergen
Terezinha Azerêdo Rios
Valdemar Sguissardi
Vitor Henrique Paro

Dados Internacionais de Catalogação na Publicação (CIP)
(Câmara Brasileira do Livro, SP, Brasil)

Imbernón, Francisco
   A inovação educacional no ensino do futuro / Francisco Imbernón. – São Paulo : Cortez, 2024.

   Bibliografia.
   ISBN 978-65-5555-462-5

   1. Aprendizagem 2. Educação 3. Ensino 4. Inovações educacionais I. Título.

24-209677   CDD-370

Índices para catálogo sistemático:
1. Aprendizagem : Inovações educacionais : Educação 370

Cibele Maria Dias - Bibliotecária - CRB-8/9427

FRANCISCO IMBERNÓN

A INOVAÇÃO EDUCACIONAL NO ENSINO DO FUTURO

A INOVAÇÃO EDUCACIONAL NO ENSINO DO FUTURO
Francisco Imbernón

Direção editorial: Miriam Cortez
Coordenação editorial: Danilo A. Q. Morales
Assistente editorial: Gabriela Orlando Zeppone
Tradução do espanhol: Sandra Trabucco Valenzuela
Preparação de originais: Silvana Cobucci
Revisão: Ana Paula Luccisano
　　　　　Tuca Dantas
　　　　　Tatiana Tanaka
Projeto gráfico e diagramação: Linea Editora
Capa: de Sign Arte Visual

Nenhuma parte desta obra pode ser reproduzida ou duplicada sem autorização expressa do autor e do editor.

© 2024 by Autor

Direitos para esta edição
CORTEZ EDITORA
R. Monte Alegre, 1074 — Perdizes
05014-001 — São Paulo-SP
Tel.: +55 11 3864 0111
editorial@cortezeditora.com.br
www.cortezeditora.com.br

Impresso no Brasil – agosto de 2024

Este livro é dedicado a todo o professorado por seu esforço inovador para a melhoria da Educação.

A inovação educacional é um conceito que se refere à aplicação de novas ideias, abordagens, técnicas, tecnologias ou métodos no campo da Educação, com o objetivo de melhorar a qualidade da aprendizagem e do ensino. Envolve um processo deliberado de mudança e adaptação no sistema educacional, nas instituições, nos métodos pedagógicos, nos currículos, nos recursos e nas práticas docentes para alcançar resultados educacionais mais eficazes e relevantes.

Do Chat GPT

Sumário

Introdução.. 11
1. Nem tudo o que se ensina, se aprende............... 15
2. Nem sempre nos lembramos de tudo o que aprendemos... 25
3. A inovação no ensino. Inovar para quê?............ 31
4. A inovação no processo de ensino--aprendizagem, ou como melhorar esse processo... 41
5. Algumas ideias para realizar inovações educacionais.. 49
6. Professores, centros educacionais e inovação.... 55
7. A formação em centros como uma inovação importante.. 61
8. A formação como desenvolvimento da escola enquanto unidade de inovação........................ 65

9. Os projetos em e para a inovação....................... 71
10. Pesquisa sobre a prática para inovar.................. 79

    À maneira de epílogo e resumo: nem tudo o que brilha é inovação... 89

    Referências (e outras leituras) 95

Introdução

Faz pouco tempo que a humanidade passou a se preocupar com o ensino formal, compreendendo-o como um grupo humano e como uma questão pública. Por diversos interesses políticos, econômicos ou sociais, o ensino passou por muitas vicissitudes ao longo da história, sendo visto mais como uma obrigação, como um castigo imposto para melhorar a produção, do que como o prazer de aprender sobre o mundo que nos rodeia, despertando a curiosidade e a imaginação. Hoje, depois de poucos séculos, num mundo que se transforma rapidamente a cada segundo, podemos dizer que começamos a conhecer e entender muitas coisas antes ignoradas ou baseadas mais na fé do que no conhecimento.

Com o passar dos anos, temos trabalhado para organizar essa parcela de ignorância educacional que arrastamos há séculos. Aprendemos muito, mas ainda há muita ignorância a ser superada. Visto que porções de conhecimento estão intimamente ligadas ao desenvolvimento humano, e ainda não somos capazes de prevê-las para poder sistematizá-las e compreendê-las, muitas ainda permanecerão no lado obscuro da ignorância do momento. O que de fato aprendemos é que o ser humano é complexo e complicado e, portanto, a explicação e a compreensão de sua Educação e aprendizagem também o são, assim como os processos que mudam constantemente devido ao contexto social e cultural.

Este livro pretende refletir sobre a definição do processo de ensino e aprendizagem, destacando a necessidade de introduzir inovações nas escolas e nos centros educacionais para implementar melhorias nesse futuro complexo e incerto. No entanto, não se limita a descrever ou narrar esses processos, apesar do progresso significativo no último século. O objetivo é explorar como podemos inovar, ou seja, continuar transformando o ensino e a aprendizagem humana, para que sejamos capazes de aprimorar a espécie e o contexto.

As circunstâncias sociopolíticas, econômicas e científicas já não são as mesmas de um século atrás (ou até mesmo de meio século, arriscaria dizer), quando a Educação da infância e da adolescência começou a mudar após séculos de estatismo educacional (mais precisamente instrucional). A Educação do cidadão, especialmente do cidadão democrático, para um novo século, difere da Educação do início do século XX, embora muitos tenham sido pioneiros em sua época e tenham nos servido de apoio para dar sequência ao seu trabalho. O século XXI não será o século da criança, como afirmava Ellen Key ao se referir ao século XX. Esperamos que o século XXI seja o século da Educação democrática para todos e da superação das desigualdades educacionais. Entretanto, para alcançar tal objetivo, temos de rever qual tipo de ensino nos serve e qual não. Precisamos reconceituar o ensino institucionalizado, a forma como compreendemos a escolarização, a escola e o ofício de ensinar. Isso não pode ser feito apenas pelos professores, pois a Educação é um patrimônio de toda a humanidade e, portanto, deve ser repensada pela comunidade.

Este livro não contém citações de autores, o que não significa que eu não tenha tomado emprestado seus pensamentos e ideias para expressar o que penso. Não quis criar um texto acadêmico, mas sim um diálogo com o leitor. As consultas e pesquisas que realizei ao longo da minha vida e especificamente para escrever este texto constam ao final, nas referências bibliográficas.

1

Nem tudo o que se ensina, se aprende

Vamos começar pelo começo. O que é essa coisa chamada ensino? Será que tudo pode ser ensinado a todos, como Comenius pretendia e escreveu no século XVII? Para introduzir o conceito de ensino (ou seja, atribuir um signo a determinada realidade, mostrar através de signos, significar, comunicar...), podemos seguir um dos diferentes percursos traçados pelos inúmeros manuais dedicados à questão pedagógica: o etimológico, o habitual, o vulgar, o histórico etc. Assim, poderíamos analisar a realidade e o processo educativo ao longo do tempo, acompanhando como essa realidade, que é o ensino, manifestou-se no passado e sua evolução até chegar ao estado atual. A partir dessa análise, poderíamos isolar seus apontamentos essenciais por meio de um processo de identificação de elementos comuns e constantes em seus diversos modos de realização. É um caminho que talvez nos levasse a perceber como o conceito de ensino mudou pouco, embora tanto a forma visível como sua interpretação tenham se alterado.

Outra abordagem poderia consistir numa análise exaustiva das várias definições de ensino formuladas por alguns autores (sempre que um estudioso aborda um conceito, ele tenta defini-lo; ao que parece, sem uma definição, não existe campo de conhecimento), ou numa amostra representativa dessas definições, buscando assim identificar coincidências, semelhanças e diferenças sobre o conceito, de modo a esclarecer as diversas formulações de tal conceito com base em sua intencionalidade fundamental ou em sua ideologia.

No entanto, longe de ser um caminho interessante, costuma ser enfadonho e de pouca serventia, exceto o de poder ser proferido no púlpito acadêmico ou constituir um tratado para estudantes de pedagogia antes de um exame sobre o assunto.

Um caminho novo e muito atual, preferencialmente utilizado pela filosofia analítica, consistiria na análise do uso do termo "ensino", diferenciando-o de outros conceitos afins ou próximos (Educação, instrução, aprendizagem, informação, transmissão...). É uma brincadeira divertida, porém, mais apropriada para os linguistas do que para os pedagogos ou pessoas interessadas no cerne da questão.

Além dessas abordagens, podemos encontrar outras mais clássicas, levando em conta o significado etimológico ou a análise dos termos originais que configuraram o conceito atual.

No entanto, em última análise, não considero adequado nem interessante para o leitor ou leitora fazer divagações e especulações etimológicas sobre o que se entende hoje por "ensino", nem sobre os diversos significados que lhe foram atribuídos ao longo do tempo (que coincidem mais ou menos com conceitos como realidade, atividade, comunicação, processo, resultado, relação...), já que, como conceito de amplo alcance, o ensino certamente incorpora uma parte importante de todos eles.

Interessa-nos, em vez disso, não o seu conceito descritivo, mas o que ele contém internamente, o que transporta em seu conteúdo, em seu significado, naquilo que os que se dedicam a legislar, administrar e ensinar deveriam compreender e que terá repercussões nos indivíduos e em seu contexto. E, a partir desses diversos pontos de vista, podemos dizer que o ensino incorpora uma série de requisitos, como os descritos a seguir.

a) É intencional.

Alguém pretende ensinar alguma coisa a outro. Ou quero que me ensinem algo ou quero que algo seja ensinado a alguém. Assim, poderíamos dizer que às vezes o ensino é uma prática social coercitiva. Isso pode ocorrer em alguns casos, mas é necessário para a socialização dos indivíduos. Existe uma intenção expressa no processo, e a intenção de que me ensinem ou ensinem algo a alguém é que se aprenda. Apresenta, portanto, uma estreita relação com a aprendizagem.

b) É uma prática humana comprometida.

O ensino assume aqui uma característica especial em relação a outras atividades, já que requer a participação de algumas pessoas que influenciem outras ou se influenciem mutuamente. Essa mediação humana leva a uma preocupação com a interação estabelecida entre os elementos que intervêm no processo, e com a seleção do que e de como se quer ensinar.

A diferença entre o ser humano e o animal não racional é que o primeiro pode ser fruto de ensino e o segundo, de treinamento. Essa prática humana atribui ao ensino a importante tarefa de transmitir o patrimônio cultural da humanidade criado ao longo dos séculos, garantindo sua continuidade e sua futura transformação.

c) *É uma prática social.*

O ensino não acontece apenas em instituições, escolas, institutos, colégios ou salas de aula e num ambiente neutro e sem influências. Ele ocorre no âmbito social no qual estão presentes variáveis éticas, morais, econômicas, estruturais, sociais, políticas... Daí a importância de intervir coletivamente na prática do ensino para torná-lo democrático e solidário. O ensino é muito importante para ficar apenas nas mãos de alguns poucos.

d) *É um processo relacional e comunicativo.*

O ensino, juntamente a outro termo do binômio — a aprendizagem —, é um processo necessariamente comunicacional, no qual intervêm diversos elementos: fontes de informação, mensagens, contextos e destinatários; diferentes níveis (intrapessoal, interpessoal e organizacional); e distintas dimensões (sintaxe, semântica e pragmática).

Sem comunicação real (não uma transmissão forçada) não há ensino.

e) *É um processo democrático e solidário.*

Entende-se aqui a democracia de muitas maneiras, mas sobretudo democracia na relação e na participação do que se ensina (currículo), de como se ensina (metodologia) e de como se comprova esse ensino (avaliação). Não existe ensino democrático na coação autoritária ou na opressão ditatorial. Ou, pelo menos, é um ensino forçado que suscita grandes resistências e, portanto, não se aprende ou se aprende o que não se deve fazer ou, ainda, se memoriza e logo se esquece. Temos um exemplo disso no ensino nas escolas de muitas ditaduras. Não pode existir um verdadeiro ensino quando se obriga opressivamente uma pessoa a aprender o que eles querem que se aprenda. Isso não significa que o ensino pode prescindir da obrigação. No entanto, tal obrigação deve basear-se nos princípios éticos e nos valores da democracia entre os indivíduos, isto é, com respeito e solidariedade pelo outro.

Se nos detemos neste último aspecto, observamos que a história maltratou — e muito — essa visão democrática do ensino, deixando-a nas mãos de poderes factuais (infelizmente ainda presentes em muitos países ou por trás das cortinas em outros, esperando sua oportunidade para chegar ao poder), que eventualmente a sequestraram, encarregando-se de moldá-la a seu gosto para servir a obscuros interesses de discriminação e desigualdade.

Essa visão democrática do ensino atravessou, portanto, diversos momentos, desde a simples transmissão de noções (o enfoque "nocionista" tradicional ou enciclopedismo), passando pela sistematização rígida do processo de ensino (predomínio do tecnicismo, tão em voga em meados do século XX), pela perspectiva de que o sujeito é um indivíduo e não existe grupo nem colaboração, até chegar aos dias de hoje, com uma mistura em que predomina a perspectiva ecológica para a qual o ensino é um acúmulo de experiências compartilhadas, provenientes do conhecimento cotidiano, do conhecimento escolar e do conhecimento científico, e que ultrapassa os muros da escola.

Entretanto, essa mistura de tendências também deixou muito desorientados os que tentavam ensinar processos democráticos. Hoje, temos de ressignificar o que é ensinar os cidadãos num contexto social e complexo, como esse no qual a sociedade se movimenta. A tarefa não é fácil, visto que a vertiginosidade de conhecimentos e novos valores sociais complicou o processo de ensino.

Parece mentira que, depois de tantos anos de docência, o ensino seja objeto de tantos debates ou tão pouco elucidado, porém, isso faz parte da dificuldade e da certeza nas ciências sociais, já que a humanidade ainda não chegou a um acordo, e decerto jamais chegará, sobre o conceito de ensino. O ensino não é neutro, é um construto social e bastante ideológico, e como tal vai se construindo constantemente com o progresso social ou com o atraso quando surgem ideologias que sentem falta do passado.

Contudo, um conceito-chave do ensino é o processo de comunicação. O ensino é um sistema de comunicação em consenso de todas as partes. É importante que, nesse processo de comunicação, os participantes intervenham voluntariamente, sobretudo quando o ensino, ao ser intencional, como dizíamos anteriormente, quer compartilhar um conteúdo com os destinatários. E isso não agrada a certas políticas reacionárias ou ultraconservadoras.

2

Nem sempre nos lembramos de tudo o que aprendemos

A psicopedagogia avançou muito nas últimas décadas. Tem-se ocupado bastante não só de como se aprende, mas também de como se ensina. Talvez por isso, atualmente sabemos mais sobre o ensino do que sobre os processos psicológicos internos de como aprendemos. Apesar disso, a neurociência nos abre hoje muitos caminhos.

O ato de aprender é visto também de diversas formas, variando de acordo com a abordagem adotada, seja ela psicológica, seja de outro tipo, considerando, porém, que todas tentam explicar como a humanidade utiliza e apreende os conhecimentos sociais, culturais e científicos de maneira eficaz e útil.

O conceito de aprendizagem é fundamental para a Educação, já que se inscrever em determinada teoria da aprendizagem supõe, ou melhor, deveria supor, a prática de determinada teoria de ensino, imprescindível no terreno da prática educacional. Não existe unanimidade sobre o conceito de aprendizagem, o que nos leva a concluir que é difícil defini-la, pois depende da teoria em que ela se sustenta.

Há muito tempo, em todo o campo do ensino regulado, os modelos cognitivos de aprendizagem têm ganhado força.

O interesse suscitado advém não tanto da contribuição da psicologia educacional, para a qual esse tipo de aprendizagem é o que apresenta melhores resultados, o que é possível, mas sim da adesão e da aplicação das reformas educacionais, em que as administrações pedagógicas escolhem tais teorias como as aplicáveis no desenvolvimento curricular do ensino regulado. Contudo, é de estranhar que as políticas governamentais oficializem uma teoria psicológica. Essa adesão cega é suspeita, a menos que as reformas sejam empreendidas por psicólogos cognitivistas que querem transformar suas crenças acadêmicas em lei ou que os Estados desconfiem tanto dos profissionais da Educação de todos os níveis, que, em nome de um falso progressismo, desejem transformar em lei o que é mutável nas pesquisas acadêmicas. Isso implica diversos aspectos: primeiro, a vulnerabilidade desses campos de conhecimento (refiro-me sobretudo à psicologia e à pedagogia, visto que lamentavelmente a sociologia da Educação é a eterna esquecida no desenvolvimento de reformas educacionais), já que deverão ser oficializados para se tornarem críveis; e, em segundo, a outra necessidade, por desconfiança dos cidadãos, dos poderes públicos de estabelecer um controle político no âmbito educacional.

Isso não implica a validação das teorias cognitivas e a superação das antigas teorias behavioristas, muito em voga na aprendizagem do século XX.

Se fazemos referência ao contexto da Educação escolar, é correto afirmar que se produz aprendizagem quando o sujeito que aprende relaciona os novos conteúdos com o corpo de conhecimentos que já possui, quer dizer, quando se estabelece um vínculo entre o novo material de ensino e os conhecimentos prévios dos estudantes para provocar um estímulo indutor capaz de modificar seu conhecimento a partir da construção (criação) deste pelo próprio aluno e não apenas uma sobreposição de conhecimentos (acumulação).

No entanto, é neste ponto que entram os educadores, uma vez que as teorias de aprendizagem passarão a ser teorias de ensino, e a construção de aprendizagens relevantes implica o princípio de atividade dos alunos e sua participação em todos os níveis de aprendizagem. Os estudantes deixam de ser meros receptores passivos para se transformar em elementos ativos, motores de sua própria aprendizagem, respeitando a diversidade de cada indivíduo. Isso nos leva a refletir sobre a metodologia, recordando sua tradição mediante a descoberta (guiada ou não), mediante projetos, achados, planos de trabalho, centros de interesse..., ou seja, tudo o que, durante anos, a chamada Educação renovada ou ativa às vezes apregoou no deserto. Na Educação, avançamos pouco a pouco.

As teorias de aprendizagem não se relacionam, porém, apenas com as teorias do ensino, mas também com o papel desempenhado pelos professores ao realizar esse processo, com sua capacidade ou incapacidade de flexibilidade interpretativa da realidade que os envolve, sua habilidade de criar situações de aprendizado motivadoras ou, ao menos, que despertem algum interesse para os alunos, de aceitar a diferença entre os estudantes e incorporar novos recursos para fazer correções durante o processo. Em outros termos, trata-se de ensinar para cultivar o gosto pela aprendizagem.

Depois de muitos anos de pesquisa, o que fica claro é que as teorias psicológicas, se não se concretizam nas teorias de ensino, não contribuem com nenhuma inovação na Educação dos cidadãos, sendo úteis apenas para a formação teórica dos professores. O desafio da inovação na aprendizagem é a capacidade de provocar aprendizado com uma metodologia didática adequada nas salas de aula. Entretanto, afinal, o que é essa inovação no ensino?

A inovação no ensino. Inovar para quê?

O termo, o conceito e o processo de inovação são interpretados de maneiras muito diferentes não apenas pelas diversas correntes de pensamento, mas também pelos diferentes níveis do sistema educacional, o que geralmente resulta numa grande disparidade de critérios, opiniões, vendedores, gurus etc. Conceber a inovação a partir de cargos políticos ou técnicos da administração (o que seria mais um conceito de macroinovação de origem administrativa, na qual, por exemplo, poderia estar a gestão estratégica e rentável do fenômeno da mudança nos centros docentes, baseando-se mais numa relação custo-benefício) não é o mesmo que concebê-la a partir dos diferentes cargos de responsabilidade na escola e na sala de aula (microinovação), e ainda, dentro desses, de acordo com as áreas de especialização, ciclos, departamentos, etapas, salas de aula etc.

Um dos termos frequentemente empregados de modo abusivo na Educação é "inovação". Ao lado de outros (pesquisa, reforma, renovação, difusão, mudança, cognição, pensamento, procedimento, competências, construtivismo, currículo...), a inovação aparece com muita regularidade na literatura atual sobre Educação e já faz parte do jargão pedagógico comum. Poderíamos até dizer que faz parte "perigosamente" desse jargão, e digo perigosamente porque na Educação é fácil aderir aos modismos, sobretudo quando eles atribuem um aspecto progressista aos discursos, mesmo que, no fundo, sejam classistas e neoconservadores. Hoje em dia, até mesmo diferentes ideologias utilizam uma linguagem semelhante, para não dizer idêntica. E isso gera muita confusão.

Os estudos sobre inovação também se expandiram nas últimas décadas. A pesquisa sobre inovação educacional surgiu com força por volta dos anos 1970. Antes desse momento, os estudos sobre essa área estavam ligados às tentativas de verificar o sucesso das inovações promovidas pelos sistemas educacionais e à preocupação em analisar como tais inovações eram geradas no campo educacional (lembrando que nessa época a racionalidade técnica e a importância do desenvolvimento socioeconômico por meio da tecnologia ainda estavam muito presentes). Nos últimos anos, a pesquisa tem-se preocupado menos em observar como as inovações se desenvolvem e mais em compreender os diversos significados da mudança que elas provocam no campo educacional e como se pode promover uma melhor aprendizagem dos alunos.

Claro que a inovação não é um fenômeno exclusivo do campo educacional; na verdade, ela nasceu e pertence a contextos fora do âmbito educacional, como a empresa ou os processos de produção, pois se supõe que a inovação permite a mudança e que esta implica a melhoria ou o progresso de qualquer atividade, não como um elemento elitista das organizações, e sim como um elemento integrante delas. Era chamada, em determinada época, de "a cultura da mudança".

No campo educacional, também se argumenta que a inovação deve ser uma atividade (ou uma consequência) que afeta mais ou menos diretamente todo o sistema educativo, que é obrigado a responder tanto às exigências de seu ambiente (administração, pais, alunos, comunidade...) quanto às demandas inovadoras dos professores. Podemos dizer que hoje não é possível um plano de melhoria ou transformação da Educação sem estar aberto às ideias de inovação constante.

Antes de vislumbrar o que entendemos por inovação, é importante lembrar que houve uma dupla confusão em relação a esse conceito. Para muitos, o termo inovação refere-se basicamente a aspectos de natureza tecnológica (e comumente está ligado a uma imagem de desenvolvimento de novas tecnologias), talvez em decorrência de dois enfoques acadêmicos análogos e complementares predominantes há muito tempo: a teoria do capital humano e a perspectiva funcionalista da modernidade sobre a inevitabilidade tecnocrática da Educação, na qual a inovação é apresentada como uma tecnologia (a partir de uma abordagem técnica), que aprimora os resultados educacionais e melhora as relações ou os processos operantes no seio do sistema educacional. Esse é um erro crasso.

Por esse motivo, há alguns anos, poucas pessoas relacionavam o termo inovação com a implementação de um novo sistema de organização ou coordenação de professores, que poderiam ser, por exemplo, agrupamentos flexíveis de alunos, processos de pesquisa-ação ou a elaboração de projetos educacionais, embora o associassem aos processos de introdução de novas tecnologias, como inteligência artificial, informática ou meios mais sofisticados. E isso ainda persiste.

Contudo, não se trata apenas do enfoque tecnológico dos meios, mas também da própria concepção da inovação. Esse enfoque tecnológico influencia sua caracterização como um conceito de inovação ligado ao racionalismo técnico, com uma abordagem de eficácia e controle com base na consecução de objetivos, ignorando os processos. Atualmente, tanto o conceito como os processos de inovação, sobretudo do ponto de vista tecnológico já mencionado, são questionados por abordagens críticas, políticas ou sociopolíticas e culturais, que pressupõem a introdução de um conceito de inovação mais complexo, imprevisível e amplamente incontrolável, e não apenas o resultado de uma engenharia social manifesta e explícita aplicada aos seres humanos como se fossem simples máquinas automatizadas.

Também tem sido comum assimilar o conceito de inovação ao de criatividade, tentando atribuir uma definição capaz de unir ambos os conceitos. Talvez seja verdade que a criatividade sem inovação careça de sentido, e que a inovação sem criatividade possa resultar estéril. Podemos estabelecer uma pequena e sutil diferença entre os dois conceitos: por um lado, a criatividade é um processo que gera novas ideias e, por outro lado, a inovação é um processo pelo qual essas novas ideias são transformadas em algo útil ou aplicável, aproximando-se mais de um processo de invenção.

O conceito de inovação dificilmente admite uma definição única, porém, do nosso ponto de vista, poderíamos conceituar a inovação educacional como *a atitude e o processo constante de pesquisa de novas ideias, propostas e contribuições para a solução de problemas e situações problemáticas que envolvem uma mudança na teoria e na prática da Educação*. Introduzimos, assim, na própria definição os conceitos de atitude, pesquisa e mudança. Normalmente, considera-se "mudança" qualquer modificação não evolutiva que ocorra na Educação. A meu ver, a mudança que a inovação deve produzir pode ser aplicada tanto à experimentação de novas teorias, modelos, técnicas, métodos, quanto às novas contribuições científicas ao processo de ensino-aprendizagem, pois o caráter intrínseco da inovação é complexo, multidimensional e processual.

Além dessas características da inovação, há outras, como originalidade, especificidade e deliberação, incluindo no campo socioeducativo a dimensão dos processos de pesquisa-ação como melhoria da prática educacional. É um salto gigantesco, já que a inovação educacional só será possível se o corpo docente for capaz de adotar atitudes investigativas em suas aulas e em suas instituições, e, além disso, de forma colegiada, pois todo projeto inovador envolve um conceito de pesquisa ligado à prática. Atualmente, podemos dizer que a relação inovação-pesquisa se torna um binômio indissolúvel.

Entretanto, também quero chamar a atenção para o fato de que nem toda inovação no campo educacional é necessariamente favorável, nem pode sê-lo a todo momento e em todas as circunstâncias. Portanto, também podemos considerar como atitude inovadora a capacidade de adaptar ou rejeitar determinada proposta de pseudoinovação, visto que o fato educacional não é rígido nem uniforme, pelo contrário, é ético, ideológico, multivariado e contextual.

Além disso, acredito na necessidade de diferenciar inovação institucional de experiência de inovação. A inovação indica uma mudança deliberada com o objetivo de implementar, ou seja, de incorporar claramente essa mudança à sua institucionalização. Se essa mudança não procura se institucionalizar (isto é, se consolidar), limitando-se apenas a uma experiência de inovação na sala de aula, isso não significa que deva ser desconsiderada, porém, ela pode caracterizar um momento, uma circunstância ou uma realidade muito específica. Portanto, a inovação institucional, que busca que a inovação perdure, deve ser diferenciada da experiência de inovação, individual, espontânea e não duradoura.

Por outro lado, também podemos concluir que atualmente, ao conceituar a inovação, utilizam-se como sinônimos diferentes termos, a exemplo de "renovar", que implicaria uma pseudoinovação, caso só se pretendesse modificar uma estrutura sem propor mudanças essenciais (renovação, sem alterar a continuidade do que já existe), e que estaria mais alinhada com a inovação caso se pretendesse passar de uma estrutura antiga para uma nova. Assim, renovar seria simplesmente passar de um estado para outro. No entanto, concordo que, mesmo que minimamente, toda renovação abrange aspectos inovadores e pode ser um componente da inovação.

A inovação no processo de ensino-aprendizagem, ou como melhorar esse processo

No campo da Educação, a inovação é introduzida principalmente por uma ação que visa transformar uma realidade específica — a educacional — para aprimorar a formação dos cidadãos, sendo este seu resultado e seu efeito.

No entanto, não podemos negligenciar a relação existente entre a inovação e as demandas sociais, pois é impossível analisar a inovação educacional de forma neutra. Em toda inovação, intervêm variáveis políticas, culturais, éticas, axiológicas, pessoais e institucionais. Portanto, somos obrigados a avaliar toda inovação a partir de um contexto específico, das ideologias, do desenvolvimento tecnológico ou socioeducativo que ela provoca, das próprias estruturas organizativas e das necessidades sociais da comunidade que se beneficia da Educação. Nesse sentido, e como consequência, deparamo-nos com uma barreira significativa, que é o fato de a inovação ser um fenômeno multidimensional e predominantemente idiossincrático, devido à dificuldade de generalização de muitos dos processos inovadores. Isso não implica que haverá avanços quando certos processos inovadores se generalizarem naturalmente no sistema educacional. Não obstante, sempre existirá o princípio de adaptabilidade ao contexto de cada circunstância.

Ao analisar a prática da sala de aula, percebemos que, nas últimas décadas, a inovação didática em geral e, mais especificamente, a inovação curricular adquiriram mais importância no campo educacional. Nos últimos anos, a vontade manifesta de mudar, renovar e aprimorar o contexto, as práticas educacionais, as escolas e as intervenções didáticas na sala de aula, tanto por parte dos sistemas sociais quanto pelos indivíduos que os compõem, tem gerado uma maior preocupação com a inovação educativa — sempre partindo do pressuposto de que a inovação é um processo extremamente complexo, bem como o fenômeno educacional em que ela se insere.

Se é verdade que houve uma preocupação com a inovação curricular nas últimas reformas, é interessante refletir por que a prática educativa não é altamente inovadora, em particular após os esforços realizados nas últimas décadas, tanto na formação continuada quanto na produção editorial e nas redes sociais (publicação de experiências, artigos etc.). É certo que as inovações são introduzidas lentamente no campo educacional, mas não podemos ignorar outros fatores que estão além dessa lentidão endêmica e que os governos relutam em melhorar: o ambiente de trabalho dos professores, seu estímulo profissional, seu salário, sua formação padronizada e, em muitos países, ainda não universitária na Educação pré-escolar e básica, o baixo conceito social e profissional, a falta de controle intra e interprofissional...

Não se pode considerar seriamente a possibilidade de inovação no campo da Educação sem um novo conceito de profissionalização, sem a melhoria nas condições de trabalho e no compromisso dos professores, sem a participação da comunidade no processo de ensino e sem levar em conta suas necessidades profissionais e formativas. A inovação deve ser intrínseca ao processo educacional e de profissionalização, sendo necessário estabelecer mecanismos para facilitá-la, ao invés de esperar que o compromisso ou a vocação proporcionados pela profissão de ensinar (bem explorados na propaganda oficial) sejam suficientes para motivar profissionais inovadores.

Se os sistemas estiverem aprimorando todo esse processo de profissionalização, é possível que a inovação esteja presente no processo educacional, além da produção acadêmica e das grandes pesquisas universitárias, não apenas pelas mudanças originadas nele, mas também pela importância dos elementos que geram a mudança. Nas instituições educacionais, a inovação afetará principalmente a relação entre os colegas, os projetos comuns, a colaboração com a comunidade e, claro, a metodologia e a mudança curricular, pois implica compreendê-la como um processo de pesquisa no qual todos os componentes envolvidos no processo educacional se engajam.

Os sistemas educacionais devem facilitar o envolvimento dos professores nesse processo de inovação, e isso só acontecerá se estes forem levados em consideração.

A meu ver, é difícil estabelecer dimensões específicas fechadas sobre as quais a inovação deva se centrar, já que todo processo de inovação comporta a intervenção de muitos elementos; porém, para uma sistematização, com o intuito de possibilitar uma análise posterior, devo dizer que vislumbro diversas dimensões na inovação: no contexto sociocultural, no contexto institucional, no sistema relacional e no currículo.

No campo da inovação educacional, não existem perspectivas homogêneas, sendo que o caráter substantivo da inovação traz consigo uma pluralidade de dimensões e de processos.

Há, na verdade, diferentes enfoques ou perspectivas, que constituem diversas maneiras de ver a inovação e, obviamente, de estabelecer metodologias investigativas. Como âmbitos interpretativos para compreender o processo, é fundamental detectar o que é importante e o que serve de guia de ação, visto que nos descrevem seu funcionamento, realização e avaliação. As perspectivas, tal e como são analisadas na inovação, correspondem a diversas concepções epistemológicas.

Deve-se destacar que o contexto e a maneira como a inovação é posta em prática são muito relevantes, uma vez que os diversos participantes são portadores de culturas e subculturas e, portanto, o processo de inovação deve ser concebido como a interação de diversas culturas. A cultura compartilhada adquire grande importância, indicando que a disposição social atual é reflexo de um conflito histórico e contínuo entre grupos de poder desigual. Os pressupostos da economia e da perspectiva funcionalista da modernização são inaplicáveis num mundo dominado pelos mecanismos e pela ideologia do capitalismo. De uma perspectiva radical, as inovações deveriam ser geradas mediante a interação dos indivíduos com as estruturas da sociedade e não por interesses empresariais ou políticos.

Assim, a inovação é um processo explicativo das inter-relações entre práticas, ideologias e interesses sociais. A inovação deve ser um projeto social de mudança ideológica, cultural e política. A colaboração deve ser o resultado da negociação, e o compromisso deve estar impregnado de respeito, de valores e de ideologia, já que se questionam não apenas o como, mas também o porquê e o para quê da mudança numa orientação democrática, na qual a inovação é desejada pela maioria do grupo de referência.

Algumas ideias para realizar inovações educacionais

Para levar efetivamente a termo o projeto da inovação, é necessário fazer um diagnóstico prévio da situação. Para tanto, estabelece-se uma espécie de mínimo múltiplo comum, devendo-se: identificar e reconhecer as necessidades de inovação; avaliar se a instituição educacional em que a inovação será implementada é capaz de fornecer os elementos adequados; analisar quais estratégias de inovação foram bem-sucedidas anteriormente.

No diagnóstico prévio, é prioritário fazer uma análise das necessidades. No entanto, detectá-las e analisá-las é muito mais complexo do que pode parecer à primeira vista, uma vez que o próprio conceito de necessidade é bastante confuso e vago. Apesar disso, no que diz respeito ao contexto da inovação, podemos estabelecer a simbiose de cinco conceitos de necessidade: uma é a de falta, cuja satisfação provocará a inovação; a segunda tem um caráter democrático, pois se trata da mudança desejada pela maioria do grupo; a terceira é a sentida pelo coletivo; a quarta é a expressa; e a quinta é a relativa em comparação com outros coletivos. As cinco são complementares no diagnóstico da inovação.

O equilíbrio entre a análise das necessidades de inovação do território, as do corpo docente, da instituição, dos estudantes e do sistema educacional permitirá distinguir entre inovações superficiais, que devem ser descartadas, e inovações profundas, nas quais devemos nos concentrar. É fundamental detalhar ao máximo o suposto problema ou problemas que forem detectados e determinar suas possíveis causas.

As finalidades que se pretendem alcançar (que é o primeiro elemento a ser destacado no processo de inovação) devem estar alinhadas com os resultados do diagnóstico prévio realizado. A elaboração de um plano de inovação só deve ser iniciada após a conclusão de um diagnóstico das condições prévias.

Somente após um diagnóstico minucioso será possível estabelecer critérios de organização e avaliação rigorosos que permitam à inovação alcançar resultados adequados às reais necessidades identificadas.

Antes de qualquer experimento de inovação, é fundamental ter todas as informações necessárias para conduzi-lo. A informação pode ser obtida de várias fontes e com diferentes instrumentos.

Além disso, não devemos esquecer que no processo de inovação é preciso levar em conta os sentimentos e a motivação dos agentes que a executarão.

O projeto requer, no mínimo, duas importantes análises: a de obstáculos e a de recursos.

Como qualquer processo de mudança, a inovação encontra uma série de obstáculos, que podem ser contextuais, institucionais ou pessoais.

Essas análises devem servir para aprofundar diversos aspectos que garantam o bom andamento posterior da inovação. De maneira geral, os aspectos a serem considerados podem ser os institucionais, os humanos e os organizacionais (espaciais, temporais e materiais).

Será fundamental analisar os obstáculos encontrados, mantendo sempre uma atitude de reflexão e vigilância constante sobre a implementação da inovação. Os processos de reflexão sobre a prática que geram a inovação devem ser contínuos, pois é nesse contexto que surgem as estratégias de inovação. Ressaltamos que não existem estratégias que sirvam para toda inovação, uma vez que elas dependem do tipo de inovação, do processo, das pessoas, do contexto, entre outros fatores.

A nosso ver, as estratégias de inovação variam em cada fase da inovação, mas devem ser sempre solidárias e democráticas (a própria coação invalida a inovação) e baseadas em processos de pesquisa participativa aceitos pelo coletivo (por meio do diálogo e da negociação). Não há inovação se o indivíduo ou o coletivo não a internalizarem, integrando-a em seu processo profissional. Toda mudança inovadora depende do pensamento do corpo docente e do sistema de inovação. No processo inovador, os docentes perdem sua condição de executores e colaboradores para se tornarem os profissionais dotados de capacidade de decisão, reconstrução e redefinição de projetos de mudança.

A avaliação, por sua vez, é uma etapa do processo que, apesar de sua importância, tem sido negligenciada na inovação. As razões são muitas, desde a própria concepção punitiva da avaliação até a influência de aspectos emocionais dos avaliadores, bem como pela falta de formação em técnicas e procedimentos democráticos de avaliação. Além disso, devem ser considerados os preconceitos inseridos em qualquer processo avaliativo, seja ele realizado pelos próprios envolvidos na inovação, seja por avaliadores externos.

A avaliação é importante por valorizar os aspectos envolvidos no processo, permitindo-nos tomar decisões com vista à melhoria.

Professores, centros educacionais e inovação

Embora ninguém duvide da importância dos professores na realização da inovação, só nas últimas décadas os docentes foram realmente reconhecidos. Muitas vezes, os processos de inovação têm-se concentrado nos autores de projetos educacionais, no sistema de adoção e implementação da inovação e, como concessão máxima, na análise do comportamento dos professores em tal implementação. Na minha perspectiva, os professores são o núcleo da inovação nas escolas. A mudança educacional depende do que eles podem fazer e pensar. A inovação deve partir deles.

O papel dos professores não tem sido um dos mais discutidos no campo da inovação, talvez devido ao predomínio da abordagem técnico-científica que os considera como executores do currículo (e como aqueles que adotam a inovação), aos quais, portanto, não se concede espaço para a inovação. Ou talvez a inovação tenha sido percebida pelos docentes como algo artificial e separado dos contextos pessoais e institucionais em que trabalham. "Inovação é o que os que estão no topo fazem e o que nos dizem que temos de fazer": essa pode ser a resposta histórica de uma parte do coletivo do professorado.

Há muito se afirma que os professores não são apenas técnicos que desenvolvem ou implementam inovações prescritas, mas também profissionais que participam ativa e criticamente, a partir e no seu próprio contexto, num processo dinâmico e flexível, no verdadeiro processo de inovação. Ninguém duvida — exceto no caso de regimes muito autoritários ou fascistas — que é necessária uma mudança na Educação. Razões tão óbvias, como os avanços sociais, a extensão do conhecimento, a globalização da cultura, os meios de comunicação, ou a superação do tédio ou da frustração decorrente, entre outras coisas, da rotinização das tarefas educativas, sustentam essa necessidade. Uma das fontes de maior satisfação e revitalização dos professores pode ser a geração de processos de aperfeiçoamento profissional através da implementação de inovações e dinâmicas de mudança nos centros educativos. A inovação causa motivação e, por vezes, bem-estar, e isso tem impacto na aprendizagem dos alunos.

Além disso, também não podemos esquecer a intervenção dos professores como grupo que atua num centro educacional, espaço onde de fato se articula a profissionalização dos docentes. O centro educacional é uma unidade de mudança e protagonista da inovação. A ideia do envolvimento dos professores na inovação através dos centros educacionais não é nova, embora só se explicite nas experiências de "formação centrada na escola", na "revisão baseada na escola" ou pela necessidade de desenvolver projetos educacionais ou curriculares próprios em contextos específicos.

A formação centrada na escola significa empreender a inovação a partir de dentro. É a internalização do processo de inovação, com descentralização e controle autônomo. Mas o "treinamento baseado em centros" também envolve pesquisa colaborativa constante e consenso para o desenvolvimento organizacional. Não há dúvida de que a inovação educacional é uma tarefa coletiva e não isolada, não podendo ser realizada nos centros que permanecem isolados, sem comunicação.

Contudo, é difícil manter nos centros o equilíbrio entre a tendência centralizadora ou administrativa, em que se tenta burocratizar os processos coletivos, e a tendência autônoma, na qual os professores podem exercer o seu direito à inovação (à mudança deliberada e crítica), além daqueles ditados pela própria administração educacional. A inovação deve contribuir para a melhoria do processo de ensino-aprendizagem, do desenvolvimento institucional dos centros e da cultura profissional. E isso é feito de dentro para fora.

Atualmente, o centro, como conjunto de elementos que intervêm na prática educacional contextualizada, deve ser o motor da inovação. A inovação perde uma percentagem significativa do seu impacto quando ocorre isoladamente.

7

A formação em centros como uma inovação importante

Existe uma forte inter-relação entre inovação e formação de professores. Propor uma inovação é, essencialmente, um processo de aprendizagem e, portanto, de formação.

Assim, as atividades formais e informais necessárias para a realização do processo de inovação envolvem processos de formação (e, portanto, de profissionalização).

Ora, na prática, nem sempre é assim, pois em muitas inovações esses processos de aprendizagem não são percebidos. Desse modo, é necessário primeiro identificar quais os subprocessos de implementação desenvolvidos pelo corpo docente na prática e, por outro lado, embora seja demonstrada a relação intrínseca entre a formação e a implementação, estudar a influência que esta pode ter na melhoria do aprendizado e dos resultados acadêmicos dos alunos. Em outros termos, aprender fazendo; conectar conhecimentos anteriores com novas informações; aprender através da reflexão e da resolução de problemas; e treinar num ambiente colaborativo.

A implementação de processos de formação em centros educacionais é uma inovação por si só. É claro que a introdução de processos de formação nos centros onde os professores podem trabalhar em conjunto em projetos de melhoria apresenta um impacto evidente na melhoria da aprendizagem dos alunos.

A ideia de mudança, renovação, transformação, alteração, melhoria... aparece constantemente na conceituação de uma formação que se introduz nos processos internos da vida dos professores dos centros.

Entretanto, para provocar mudanças, é preciso romper o isolamento dos professores. A colegialidade dos docentes serve como ponto de partida essencial para considerar o seu papel na geração de mudanças educacionais.

Ao analisar o que faz a inovação funcionar do ponto de vista dos docentes, pode-se destacar que a geração de mudanças nos centros educacionais está fortemente ligada com a capacidade de interação entre professores, a comunicação e a troca de experiências e o aconselhamento entre pares. Assim, a colegialidade, a frequência das interações e comunicações, a ajuda entre colegas, entre outros fatores, revelam-se indicadores valiosos da implementação de inovações.

A formação como desenvolvimento da escola enquanto unidade de inovação

O desenvolvimento escolar refere-se às mudanças nas escolas que, como instituições, aumentam a sua capacidade e eficácia para melhorar continuamente. Nessa perspectiva, a função e o alcance da formação serão redefinidos como estratégia de mudança profissional e institucional no centro educacional.

Isso significa não apenas estabelecer mecanismos que estimulem a melhoria global dos centros, mas também desenvolver uma concepção mais holística de formação, como a soma total de experiências de aprendizagem formais e informais acumuladas ao longo do desenvolvimento pessoal e profissional dos professores.

Além disso, implica conceber a escola como uma organização com uma cultura específica, num contexto concreto em relação a outras instituições, e que é capaz de mudar e melhorar globalmente como instituição.

A formação institucional dos centros é uma resposta viável para produzir um desenvolvimento institucional através da inovação, pois a formação e o desenvolvimento do centro permitem a criação de condições positivas para a profissionalização dos professores. O conceito de formação está diretamente relacionado com o desenvolvimento do centro.

Com base na minha experiência nessa área, a formação no centro é uma ótima tendência para o desenvolvimento da formação, inovação e profissionalização docente, uma vez que se desenvolve um processo autônomo de trabalho docente. Contudo, isso não significa que outras modalidades de formação sejam negligenciadas; dependendo do que se pretende, pode-se utilizar uma ou outra.

Alguns professores também argumentam que não há tempo suficiente para a interação na dinâmica diária de trabalho, o que, na visão deles, impossibilita a mudança. Mesmo assim, na cultura dos centros educacionais, pode haver algumas condições que facilitam a criação de processos de inovação e melhoria.

Essa cultura de colaboração, troca mútua e compartilhamento de objetivos, que pode ser desenvolvida com a formação nos centros, é o que permite a mudança e a inovação. No entanto, embora seja a tendência ideal para gerar inovação, isso não significa que podemos prescindir da análise das condições prévias que podem fazer com que uma tentativa específica fracasse e que poderia desmotivar os professores diante de qualquer outra experiência de inovação.

Além disso, também é aconselhável um certo grau de cautela ao afirmar que o simples aumento do número de interações entre professores produz automaticamente condições inovadoras. Convém sempre estar alerta contra trocas superficiais ou colaborações superficiais. Quando relacionamos a formação com a inovação, não podemos esquecer que a análise deve passar pela dimensão inovadora das propostas de formação, pela concepção da formação como inovação, pela relação entre os projetos de formação e o desenvolvimento institucional nos centros e pelos efeitos da inovação na comunidade educacional.

Na inovação, não basta que os professores se envolvam em grupos de reflexão colaborativa, faz-se necessário que se tornem "praticantes reflexivos"; não basta que desenvolvam projetos de grupo, devem utilizar abordagens colaborativas como forma de trabalho cotidiano.

Os professores devem assumir um conceito de dinamismo da inovação. Lembremos que a inovação não é estática; pelo contrário, trata-se de um processo de desenvolvimento contínuo.

Por outro lado, também não podemos esquecer que, por vezes, existe uma "resistência à inovação" e que ao iniciar inovações devemos antecipar essas possíveis resistências à mudança, sejam elas de natureza individual ou coletiva. Existem muitas razões pelas quais alguns professores e professoras não se envolvem em processos de inovação. Às vezes, a resistência é decorrente de problemas de clima (normas ou expectativas de trabalho colaborativo mal orientadas ou mal desenvolvidas), de planejamento do espaço de trabalho educacional (estruturas organizacionais), de questões relacionadas a incentivos, ideologia, comunicação, instalações, recursos... Ou talvez se deva ao tipo e à configuração de certas inovações que, aos olhos dos professores, geram mais gastos e esforços do que benefícios, ou ao "estado psicológico" de alguns professores que acaba condicionando sua participação nesse tipo de projeto. Todos esses aspectos devem ser analisados para concretizar uma inovação e fazem com que ela seja sempre introduzida na esfera política.

Do nosso ponto de vista, a resistência faz parte do processo de inovação, que não pode ocorrer sem um debate crítico que permita o surgimento de problemas e obstáculos a qualquer mudança. O que é realmente negativo na implementação de uma inovação é a falta de resistência devido à alienação, a qual, por si só, já é uma resistência a mudar qualquer coisa. Para não se sentirem alienados, os professores devem ter condições de participar da inovação de forma consciente, envolvendo sua ética, seus valores, sua ideologia. É também essencial que a inovação represente um aperfeiçoamento profissional inteligível e que seja suficientemente explicitado e compreensível.

Essas resistências vão desde elementos socioculturais, o próprio contexto, as instituições, até as pessoas e suas atitudes. A inovação como processo de mudança sempre gera resistências. E elas precisam ser superadas.

Os projetos em e para a inovação

Nos centros educacionais, os professores devem estar envolvidos em tarefas de desenvolvimento curricular, concepção de programas educativos, projetos de inovação pedagógica ou, mais amplamente, em projetos de melhoria escolar, tentando resolver problemas gerais ou situações problemáticas relacionadas com o ensino. Mas, para que a avaliação final dessas tarefas corresponda ao esperado, eles precisam adquirir conhecimentos ou estratégias específicas (no planejamento curricular, conhecimentos sobre o ensino, de criação de grupos na resolução de problemas etc.). Esse conhecimento pode ser obtido por meio de leitura, discussão, observação, formação e até tentativa e erro. Às vezes, o próprio processo de realização de um desses projetos de inovação já produz aprendizagens difíceis de prever antecipadamente. Isso implica uma combinação de modos e estratégias de aprendizagem que resultam do envolvimento dos professores no processo.

O aprendizado dos professores é mais eficaz quando eles precisam saber algo concreto ou resolver um problema que os afeta no processo de ensino-aprendizagem. Isso significa que, em cada situação, esse aprendizado é orientado pela necessidade de responder a determinadas situações educacionais problemáticas.

Tudo isso se deve à proximidade com seu trabalho cotidiano e a sua melhor compreensão do que se requer para sua melhoria. Ao proporcionar essa possibilidade aos docentes, eles serão capazes de desenvolver propostas que melhorem as escolas e o ensino (gerando conhecimento pedagógico). Isso implica outro olhar: os professores adquirem conhecimentos e estratégias através de sua participação na melhoria da qualidade da escola ou no processo de desenvolvimento do currículo. Esse envolvimento pressupõe o conhecimento das posições de outros membros da escola, bem como a consciência de que se faz parte de grupos e se deve resolver problemas. Seja como for, é preciso considerar que a formação do professorado e a melhoria da escola e do currículo são processos que devem caminhar juntos.

A inovação por meio de projetos coletivos pressupõe favorecer no corpo docente a capacidade de reflexão, e abordar os problemas educacionais em conjunto com seus colegas é um aspecto-chave nesse processo. Argumenta-se que a melhoria requer não apenas o conhecimento dos conteúdos, mas também a aquisição de estratégias de planejamento. Portanto, para aprimorar o ensino, o corpo docente se reúne de forma colaborativa. Isso implica que a formação relacionada à melhoria educacional envolve o desenvolvimento da capacidade coletiva de cada membro do grupo para a inovação educacional.

É possível descrever cinco fases no projeto de inovação que facilitam os esforços do corpo docente: diagnóstico, planejamento, formação, acompanhamento e avaliação. Como resultado desse processo de envolvimento da escola, os professores podem desenvolver novos processos educacionais, alterar a maneira como se comunicam com as famílias ou com a comunidade, melhorar a comunicação entre eles e o ensino dos alunos, além de favorecer outros temas. Os passos que podem ser percorridos são os seguintes:

a) Inicia-se com a identificação ou o diagnóstico de uma situação problemática ou uma necessidade percebida por um grupo de professores ou por todo o coletivo docente da instituição. A necessidade pode ser identificada de modo informal, através de discussões ou manifestações de crescente insatisfação; por meio de um processo mais formal, como um *brainstorming*; ou com o uso de instrumentos padronizados (sobre a melhoria da escola ou as necessidades de avaliação), a revisão dos resultados dos alunos ou a avaliação de dados de um programa.

b) Após identificar a necessidade, busca-se oferecer uma resposta. Em alguns casos, a necessidade fica evidente, enquanto em outros pode ser preciso um *brainstorming* ou uma busca de alternativas que levem a um plano de ação ou à definição de um procedimento de avaliação. Essa fase pode demandar várias sessões e requer consultas com toda a equipe docente, além da revisão das informações existentes sobre o tema que se pretende abordar.

c) A partir desse momento, é elaborado um plano de formação para incidir sobre a temática. Esse processo geralmente requer tempo.

d) O projeto de inovação ou melhoria do ensino é realizado e implementado.

e) Na última etapa, é preciso avaliar se o esforço gerou os resultados esperados. Se o professorado não estiver satisfeito com os resultados alcançados, retorna-se à fase inicial, repetindo-se todo o processo.

Há muitas experiências em que os professores se envolveram no desenvolvimento e na melhoria do ensino, iniciando as pesquisas sobre o impacto de suas experiências ou a melhoria profissional proporcionada por esse processo. A pesquisa realizada valorizou o impacto de tal implicação do professorado no ensino, no desenvolvimento profissional e na satisfação no trabalho.

Muitas pesquisas mostram os fatores que podem ser considerados como indicadores de êxito desse processo de elaboração de um projeto coletivo de inovação. Entre eles, vale destacar:

a) A presença de um acordo inicial para acompanhamento do processo pela escola, o que implica reconhecer a experiência e fornecer recursos à equipe docente para a realização de seus propósitos.

b) Que os professores participantes recebam formação que lhes permita adquirir os conhecimentos e as estratégias necessárias para alcançar seus propósitos.

c) Que os professores tenham tempo para se reunir, refletir e desenvolver o projeto.

d) Que a equipe tenha recursos financeiros para adquirir materiais, visitar outros centros educacionais, e possa receber assessoria para corroborar suas decisões e o processo empreendido.

e) Que o projeto tenha uma direção que oriente e auxilie todo o processo para que decisões significativas sejam tomadas por todos os professores participantes.

Trata-se, em última instância, de integrar os esforços dos professores e da escola com outros esforços e estruturas que os acolham e favoreçam. Quando esses fatores estão presentes, a pesquisa e as manifestações dos envolvidos mostram que os resultados obtidos são satisfatórios e coincidem com as expectativas iniciais.

10

Pesquisa sobre a prática para inovar

Aqui o processo não consiste apenas em realizar um projeto de inovação baseado em necessidades sentidas, mas também em realizá-lo num processo de pesquisa-ação.

Será que pesquisar para inovar significa empregar uma linguagem inacessível aos profissionais que nela atuam, utilizar recursos estatísticos incompreensíveis, promover determinadas mudanças a partir de cima etc.? Na verdade, esse processo acabou provocando um afastamento da prática. Mesmo no caso de ter estabelecido inovações, supôs-se que elas não seriam desenvolvidas ou difundidas pelo corpo docente (no máximo, seriam consumidas de forma acrítica) e, consequentemente, não conseguiram atingir os efeitos esperados.

Contudo, na pesquisa aplicada, ou seja, na ação, ocorre uma certa coordenação entre os vários estratos que pesquisam com um objetivo comum: a inovação.

As considerações anteriores não devem ser interpretadas como uma oposição a que a pesquisa seja desenvolvida a partir de cima, a partir da autoridade administrativa ou acadêmica, para estudar, analisar ou potencializar inovações; normalmente são essas que correspondem a estudos do sistema educacional ou de aspectos gerais da Educação (organização geral, gestão, mudança curricular, estrutura formativa...) que são tão necessários quanto as inovações na e para a mudança da prática educativa, que devem necessariamente contar com a participação dos professores. O erro e a falta de previsão aparecem quando se tenta implementar inovações que impliquem mudanças didáticas dentro das salas de aula ou em processos específicos de ensino-aprendizagem sem contar com quem deve aplicá-los. É aqui que a pesquisa aplicada e a inovação se unem.

Embora, do ponto de vista técnico, há anos se estabelecia uma certa diferença entre pesquisa e inovação, atualmente, a partir de um conceito mais interpretativo e crítico de pesquisa educacional, é difícil definir os limites entre pesquisa e inovação, pois esta deve ser sempre uma consequência prática de um processo de pesquisa.

Toda inovação deve fazer parte ou ser consequência de um processo de pesquisa, talvez não o contrário, já que, embora toda pesquisa educacional devesse ser inovadora, seria possível argumentar que não necessariamente toda pesquisa gera forçosamente inovação. Podemos distinguir entre as pesquisas que pretendem analisar, explicar ou descrever a inovação e aquelas que pretendem compreender e estabelecer inovações. Neste último caso, é preciso considerar os modelos de inovação que sustentam a pesquisa, de qual tipo é, em que dimensão da inovação pretende influir, que tipo de cultura inovadora desenvolve, que tipo de processos, como é divulgada etc.

A inovação não visa, contudo, apenas a um fim, ela é também um meio. Pode ser que nossa finalidade não fosse desenvolver ou implantar determinada inovação, e sim contribuir para a existência de uma "cultura inovadora". Em outras palavras, embora a pesquisa não tenha como objetivo desenvolver inovações, a própria dinâmica da pesquisa, por si só, deve supor a criação de um clima ou de uma cultura inovadora, que exerce uma influência decisiva sobre como os indivíduos consideram os acontecimentos relacionados com a inovação.

Além disso, no dia a dia dos centros educacionais, deve abrir-se passagem na prática para o novo conceito de inovação e de realização de pesquisas na sala de aula e/ou no centro, de modo a ajudar o grupo a criar um novo clima ou cultura, já que sempre existe uma relação entre o desenvolvimento da pesquisa e a forma de compreender o que é a inovação educacional.

Ao longo deste livro, priorizei (sem menosprezar as outras) uma inovação baseada em professores e instituições de ensino (centros educacionais, docentes, alunos, comunidade), na sua prática (nos seus problemas diários), o que significa que pesquisa e inovação caminham juntas, devendo ser os dois polos que compõem o universo de mudança no ensino. Do nosso ponto de vista, não podemos separar a pesquisa da inovação, do mesmo modo que não podemos separar a teoria da prática.

No campo curricular, a pesquisa se tornará inovação quando professores e alunos puderem intervir no currículo como construtores de seu conteúdo. Portanto, professores e alunos devem ser os eixos de inovação da prática educacional.

Isso exige que os professores identifiquem uma área de interesse, coletem informações e, com base na interpretação dos dados obtidos, façam as mudanças necessárias no ensino, partindo da capacidade do professor de formular questões válidas sobre sua própria prática e definir objetivos que tentem responder a tais perguntas. São identificados três elementos que fundamentam essa concepção:

a) Os professores são inteligentes e podem propor a si mesmos pesquisas sobre a prática, de forma competente e baseada em sua experiência.

b) Os docentes tendem a buscar dados para responder a questões relevantes, e a refletir sobre esses dados para obter respostas para os problemas do ensino.

c) Os professores desenvolvem novos modos de compreensão quando eles mesmos contribuem para a formulação de suas próprias perguntas e coletam seus próprios dados para lhes dar respostas.

Neste sentido, na prática, a pesquisa apresenta-se como uma perspectiva eficaz que, a partir dos próprios docentes, pode contribuir para encontrar respostas para os problemas do ensino, ao mesmo tempo que permite preencher a lacuna existente entre a pesquisa e a prática, além de proporcionar aos professores a possibilidade de desenvolver suas habilidades para a tomada de decisões, pois, através delas, detectam e resolvem problemas e, nesse contexto, podem crescer como pessoas e como profissionais.

Seu desenvolvimento é limitado apenas pela imaginação e pela necessidade de seguir diversos processos, mas é possível apontar alguns elementos comuns que compõem as etapas de uma pesquisa na prática para realizar uma inovação:

a) Num grupo, os professores identificam uma situação problemática ou um tema que lhes interessa com base numa observação ou numa conversa reflexiva.

b) Propõem diferentes formas de coleta de informações sobre a situação problemática inicial, que podem envolver tanto um estudo bibliográfico quanto se basear em dados obtidos em sala de aula ou na escola.

c) Esses dados são analisados individualmente e em grupo.

d) Propõe-se uma melhoria com base nos dados.

e) Realizam-se as mudanças pertinentes.

f) Obtêm-se novos dados e ideias para analisar os efeitos da intervenção realizada e continuar com o processo a partir da prática.

Durante essas fases, pode ser necessário um auxílio externo, que pode concretizar-se como uma formação específica sobre o tema ou situação-problema, uma metodologia de pesquisa ou qualquer outro processo que ajude os professores a dar sentido às suas próprias experiências. De qualquer modo, esse processo pode contribuir para a mudança do conhecimento dos professores, melhorando as formas de comunicação e de tomada de decisões em grupo. Quando atuam como pesquisadores, os docentes tomam decisões mais avalizadas sobre quando e como aplicar os resultados da pesquisa que estão conduzindo. A sua experiência serve de suporte para uma maior colaboração entre eles e, por fim, aprendem a ser melhores professores, sendo capazes de observar para além do imediato, o individual e o concreto.

Para concluir esta seção, quero insistir na importância da intervenção dos professores na pesquisa. Nas pesquisas sobre aspectos educacionais, os docentes podem desenvolver inovações nos centros e são capazes de gerar conhecimentos pedagógicos, pois essa tarefa lhes permitirá assumir uma certa "cultura profissional" e enfrentar situações problemáticas reais.

Os processos de investigação podem desenvolver nos professores "competências para a pesquisa", levando-os a: identificar questões ou problemas, avaliar diferentes fontes de informação, coletar mais informações ou conceber novos métodos de investigação, interpretar a informação já disponível e comunicar as conclusões às partes diretamente envolvidas. A pesquisa como inovação faz parte da profissionalização dos professores, porque tem como consequência a "ação prática". Com isso, os professores terão mais facilidade em realizar inovações e implementá-las em sua teoria-prática educacional.

Entretanto, seria ingênuo considerar que a investigação sobre inovação na prática é sempre aceita de bom grado por todo o corpo docente. Não são apenas as pautas recebidas na formação inicial e na continuada que podem mantê-los "imobilizados", até mesmo a pesquisa pode gerar insegurança e angústia, uma vez que os processos de análise, questionamento, substituição de ideias preconcebidas e práticas apenas reprodutivas etc. têm um impacto considerável de indeterminação. Daí a importância de se introduzir a "cultura da mudança constante" na formação como elemento profissionalizante, de não normatizar a regulação da prática educativa. Apesar disso, é fácil dizer, mas muito complexo de fazer. Assim, um dos desafios da pesquisa para a inovação com e nos professores é a necessidade de analisar a relação entre formação, profissionalização e inovação de um ponto de vista holístico e não tendencioso.

A conclusão que deriva de todo esse processo é a de que, quando alguém se propõe realizar uma pesquisa aplicada com os próprios professores, deve estabelecer estratégias para eliminar uma série de limitações hoje presentes para empreender uma pesquisa para inovar a prática educacional. A inovação deve potencializar uma Educação mais emancipadora.

A Educação como emancipação diferencia-se das orientações técnicas e práticas por gerar teorias críticas, preocupadas com a liberdade de indivíduos e grupos para assumirem suas vidas de forma responsável e autônoma. Essa visão do currículo é necessária num momento em que certas ideologias podem ter entrado em crise, prescindindo-se da revisão das circunstâncias históricas nas quais vivemos, em que o movimento pendular pode nos levar a considerar que não há alternativa para o capitalismo ou o "capitalismo selvagem", o que nos levaria a um currículo brutalmente focado na eficiência, baseado no controle, o que significaria um retrocesso. Pelo contrário, a função da "visão" ou do "espírito progressista" é vislumbrar as contradições e revelá-las. Há também outro perigo, no sentido oposto: o uso de termos "progressistas" para dar certas justificativas, uso que em certos momentos me pareceu apontar para algumas práticas supostamente reformistas e inovadoras.

É preciso monitorar certas práticas conservadoras como progressistas. E, como mencionamos antes, a moda proporciona a muitas pessoas momentos efêmeros de realização, sensações que são perseguidas por uma parte do público. A moda permite diferenciar aqueles que a seguem, é um elemento de aparente singularidade, que provoca um movimento de imitação e seguimento; nesse sentido, quando a moda é assimilada (ou "descafeinada"), estabelece-se um retrocesso ou um recomeço. Portanto, é importante deixar claro que a análise da inovação curricular não pode ser desvinculada da análise ideológica, assim como não podemos separar a nossa forma de compreender o ambiente das nossas práticas profissionais.

À maneira de epílogo e resumo: nem tudo o que brilha é inovação[1]

Seria ingênuo pensar que inovar na Educação significa modificar ferramentas e programas curriculares sem questionar o motivo dessa mudança, o que foi feito, o que funciona e o que ela causará.

Já há algum tempo, o leque de inovações educacionais se abriu amplamente e com intenções variadas. Às vezes, até demais, a ponto de podermos nos perder no excesso de falar

---

1. Publicado no *Diario de la Educación*, Madrid, 10 dez. 2018. Disponível em: https://eldiariodelaeducacion.com/2018/12/10/no-es-innovacion-todo-lo-que-reluce. Acesso em: 28 jan. 2024.

em inovação ou cair em retóricas que nos fazem esquecer o que isso significa no campo da Educação. Parece que, se uma escola ou instituto não é "inovador", ou não pertence a um coletivo ou rede que ostente o termo inovação, não tem prestígio ou é "tradicional". E já se sabe que quando algo, na Educação, vira moda, muitas consequências aparecem: vendedores que utilizam processos midiáticos, filantropia corporativa (não nos esqueçamos de que a Educação é um grande negócio), oportunistas que querem visibilidade — mais econômica ou midiática que educacional —, debates em redes e meios de comunicação, manifestos, seminários de finalidade duvidosa, redes de desenvolvimento de talentos etc. As perguntas que podemos fazer são: muitas dessas propostas são inovações verdadeiras? Quantas são comprovadamente verdadeiras mudanças educacionais para a melhoria do ensino-aprendizagem ou, ao contrário, não passam de mudanças cosméticas sobre o que sempre tem sido feito? Que evidências as apoiam?

E essas questões são consequência do muito que se fala em inovação, trazendo uma nova tendência, que é analisar criticamente se muitas dessas inovações produzem uma mudança ou são processos de *marketing* para captar um público mais cativo, empregar alguns "vendedores" ou ter maior ressonância nas redes.

Aqui começa uma modesta crítica a algumas metodologias aplicadas à Educação: é possível falar de inovação quando o que se faz é adaptar as práticas educacionais a processos tecnológicos muito inovadores que parecem ser a panaceia para a inovação? É verdade que o debate sobre a tecnologia consiste em passar de uma ferramenta de comunicação e entretenimento para ferramentas de oportunidades de aprendizagem (do saber o que e como ensinar para saber onde) e não tanto em aplicá-las como sempre, com o mesmo modelo de ensino repetitivo, instrucional e mecânico. Nem toda tecnologia constitui e traz consigo inovação educacional.

Não quero negar que temos de inovar constantemente e que estamos avançando muito nesse sentido. Além disso, é preciso também rever o trabalho do corpo docente (metodologia, relações-comunicação, organização, espaços, aulas, virtualidade, tempo etc.) e considerar o centro educacional como unidade de mudança. Porém, deve-se entender a inovação de tudo isso como algo que precisa funcionar em cada contexto e não como a venda de ferramentas mais modernas, válidas para todos e todas na Educação. Uma inovação tem de provocar uma mudança, mas nem toda mudança é uma inovação nem a resolução pontual de problemas educacionais, que alguns veem como uma preocupação da comunidade e seu interesse pessoal. A inovação educacional deve olhar para além das fronteiras que limitam as salas de aula.

E nem tudo tem de ser novo. A inovação educacional quase sempre utilizou uma recombinação de elementos já existentes, entrelaçados de uma nova forma, o que mostra que o conhecimento do passado, da trajetória seguida por outros professores e professoras, é outro dos principais elementos para colocar qualquer inovação em prática. É certo que precisamos mudar o corpo docente e o contexto em que ele trabalha, mas não à custa de tudo e acabando com tudo o que já existe. Às vezes, a inovação é vendida como novidade, porém, pode ser mais do mesmo, mas com outro aspecto.

E um dos marcos mais importantes dessa mudança é transformar o DNA inoculado na Educação, como a linearidade, a perspectiva industrial e a cultura da ilustração (homogeneidade, inexistência de um contexto específico ou vale-tudo para todos, individualismo, competitividade, desenvolvimento do talento para ser alguém na vida, preparação para o trabalho etc.). Não basta mudar as práticas educacionais simplesmente maquiando as estratégias, estruturas, processos e sistemas, se o pensamento e a atitude de quem as produz e as coloca em prática não se modificam, com um olhar que vai além das estratégias metodológicas — que alguns confundem com métodos de ensino. Seria ingênuo pensar que inovar na Educação significa mudar ferramentas e programas curriculares sem perguntar o motivo dessa mudança, o que está provado que funciona e o que causará.

Acredito que toda a comunidade educativa deve refletir sobre o significado de tudo o que engloba a inovação na Educação. Não basta criticar a chamada Educação "tradicional"; é preciso eliminar as más práticas educacionais, buscando boas práticas que ajudem a aprender melhor, a preparar cidadãos livres e não apenas trabalhadores ou empreendedores produtivos, "talentosos", eficientes e competitivos. A inovação deve permitir resolver problemas mais significativos e relevantes do que estratégias metodológicas relacionadas com a transformação educacional com equidade. Há algumas práticas que conhecemos há muito tempo e não precisam ser modificadas, mas outras sim. E não podemos estabelecer um padrão muito alto, pois muitas escolas, em especial as públicas, não conseguirão alcançar. É preciso estar atento e não acreditar naquilo que alguns afirmam ser "ciência comprovada". Parafraseando o dito popular, temos que ter cuidado para não seguir com certeza pelo caminho equivocado (com inovação educacional).

Referências
(e outras leituras)

ADELL, J. *Educación y aprendizaje en la sociedad del conocimiento*: propuestas para el cambio en la escuela. Málaga: Aljibe, 2007.

BLANCO, R.; MESSINA, G. *Estado del arte sobre las innovaciones educativas en América Latina*. Santa Fé de Bogotá: Convenio Andrés Bello-Unesco, 2000.

BLAS GARCÍA, J.; RIQUELME, F. *Educar para ser*: el reto de acompañar en busca de sentido. Madrid: SM, 2020.

CARBONELL, J. *La aventura de innovar*: el cambio en los centros educativos. Madrid: Morata, 2001.

COCHRAN-SMITH, M.; LYTLE, S. *Dentro y fuera*: enseñantes que investigan. Madrid: Akal, 2002.

DARLING-HAMOND, L. *El derecho de aprender*: crear buenas escuelas para todos. Barcelona: Ariel, 2001.

ELLIOTT, J. *La investigación-acción en educación*. Madrid: Morata, 1990.

FERNÁNDEZ NAVAS, M.; ALCARAZ SALARIRCHE, N. (org.). *Innovación educativa*: más allá de la ficción. Madrid: Pirámide, 2016.

FULLAN, M. *Las fuerzas del cambio*: la continuación. Madrid: Akal, 2004.

GIMENO SACRISTÁN, J. *La educación que aún es posible*. Madrid: Morata, 2005.

GOODSON, I. F. *El cambio en el currículum*. Barcelona: Octaedro, 2000.

HORN, M. B.; CHRISTENSEN, C. *Educación disruptiva*: revolucionar la educación a través de la innovación. Madrid: SM, 2016.

IMBERNÓN, F. *Innovación educativa en el aula*: propuestas para la mejora de la práctica docente. Barcelona: Octaedro, 2015.

JIMÉNEZ, J. A. *Estrategias didácticas para la sociedad digital*. Madrid: Pirámide, 2018.

LÓPEZ HERNÁNDEZ, A. *El trabajo en equipo del profesorado*. Barcelona: Graó, 2018.

REIMERS, F. *Innovación educativa*: estrategias para la transformación de la enseñanza. Madrid: Pearson, 2002.

REUTER, Y. *La innovación pedagógica en el aula*: diseñar nuevas situaciones de aprendizaje. Barcelona: Graó, 2011.

RIVAS, M. *Innovación educativa*: teoría, procesos y estrategias. Madrid: Síntesis, 2011.